RÉPONSE

DE L'ANCIEN

DES BOLLANDISTES

CORNEILLE DE BYE

AU

MÉMOIRE

DE M. DES ROCHES,

TOUCHANT LE TESTAMENT

DE S. REMI,

Inféré au deuxieme Tome des nouveaux Mémoires de l'Académie Impériale & Royale des Sciences & Belles-Lettres, établie à Bruxelles, donnés au jour cette Année 1782.

***

A BRUXELLES,

Chez MATH. LEMAIRE, Imprimeur-Libraire,
Rue de la Magdelaine.

***

M. DCC. LXXX.

RÉPONSE

DES BOLLANDISTES

CORNEILLE DE BYE.

AYant lu, il y a environ dix-ſept ou dix-huit ans, le Commentaire ſur la Vie de S. Remi, que le Pere Suyskens avoit fait, je m'étois fermement perſuadé, que ce qu'il y diſoit touchant le plus ample des Teſtamens, attribués à ce Saint, étoit fort ſolide & en montroit évidemment la ſuppoſition. J'étois alors bien éloigné de m'imaginer, qu'un jour on auroit rejetté le ſentiment de ce Bollandiſte comme mal fondé, & que j'aurois été obligé de prendre la plume à la main pour en défendre la vérité. Cependant ce cas vient d'arriver.

On a publié depuis peu en deux Tomes de nouveaux Mémoires de l'Académie Im-

A ij

périale & Royale des Sciences & Belles-Lettres, établie en cette ville, & au deuxieme
Tome pag. 631 & les 29 fuivantes il s'en
trouve un, intitulé : *Examen du Teftament de
S. Remi.* M. Des Roches, Secretaire de la
dite Académie, qui en eft l'Auteur, y prétend,
que ce que les Bollandiftes & nommément
le P. Suyskens ont dit touchant le Teftament
en queftion, n'eft rien moins que folidement
établi, & que cette piece ne doit pas être
rejettée comme apocryphe.

Il eft vrai, que nous ne fommes pas accoutumés de répondre à tous ceux, qui auroient
attaqué à tort les opinions, que dans le cours
de notre Ouvrage nos devanciers ont em-
braffées. Cela retarderoit trop nos travaux
ordinaires ; mais les circonftances, dans lefquelles nous nous trouvons maintenant, m'ont
fait juger qu'il étoit indifpenfablement néceffaire de répondre au moins cette fois-ci au
Mémoire de M. Des Roches. Les Bollandiftes
ont feulement commencé cette année-ci de
reprendre, fous les aufpices de Sa Majefté,
la continuation de leur Ouvrage, & fi, étant
attaqués dans la ville même, où cette continuation s'eft reprife, ils laiffoient en des
circonftances pareilles fans réponfe le Mémoire, qui les décrie, plus d'un lecteur, féduit
par les affertions de M. Des Roches, pourroit

être tenté à croire qu'ils avancent nombre de chofes, qu'ils ne prouvent pas & qu'ils ne font même pas en état de prouver ; ce qui pourroit, à leur grand préjudice, fort décréditer ledit Ouvrage, dont ils vont bientôt donner au jour un nouveau Volume. Voilà donc la raifon principale, pour laquelle j'ai jugé à propos de répondre à M. le Secrétaire de l'Académie. J'efpere qu'il ne le prendra pas en mauvaife part. Toutes les loix, tant divines qu'humaines, permettent de fe défendre, quand on eft attaqué, & je ne crois pas par conféquent, que M. Des Roches s'arroge le droit d'attaquer, fans qu'il foit permis de lui réfifter. Le feul amour de la vérité, à ce qu'il protefte, l'a engagé à combattre le fentiment des Bollandiftes, & c'eft auffi ce même amour de la vérité, qui me porte à défendre leur fentiment ; mais en le faifant, je me garderai bien de me fervir d'expreffions dures, hautaines & capables d'offenfer. Ce n'eft pas ainfi qu'on parvient à découvrir la vérité, & certainement ces fortes d'expreffions ne conviennent pas à un homme judicieux, qui en attaquant des opinions qu'il regarde comme fauffes & erronées, doit toujours fe fouvenir d'être lui-même fujet à l'erreur. Plufieurs perfonnes inftruites, qui ont lu le Mémoire de M. Des Roches,

prétendent qu'il n'a pas fait affez d'attention à ce principe, & je ne faurois dire avec
certitude, fi elles ont abfolument tort. Au refte
qu'on ne s'étonne pas, que contre notre coutume j'écrive en François. Je le fais parce
que le Mémoire de M. Des Roches eft écrit en
cette langue ; & étant Flamand, j'efpere, qu'à
cette confidération, on voudra bien me paffer
les défauts contre la pureté de la langue fran-
çoife, qui pourroient fe trouver en ce dif-
cours. Entrons en matiere, & expofons d'a-
bord en détail le fujet du Mémoire en queftion.

L'Auteur s'évertue premiérement à faire
croire, que les objeçtions que les favans, &
nommément les Bollandiftes, ont jufqu'à
préfent faites contre le plus ample des deux
Teftamens, attribués à S. Remi, ne font d'aucun poids, s'évanouiffent dès qu'on les examine avec attention, ne produifent, en aucune façon, la conviçtion, & n'auroient
par conféquent, point dû être faites. Enfuite
il propofe lui-même contre ledit Teftament
une objeçtion, qui, à ce qu'il prétend, vaut
bien toutes celles, que l'on a jufqu'à préfent
imaginées, & puifque celle-là même, comme
il tâche de prouver par des auteurs contemporains, n'eft point capable de porter atteinte à l'autenticité du même Teftament, il
en conclud, qu'on n'eft point fondé à le re-

jetter comme une piece apocryphe, & qu'on ne ſauroit blâmer les Gens de Lettres, qui le croient authentique, vu que ce morceau a été d'ailleurs regardé pendant le cours de pluſieurs ſiecles comme l'Ouvrage de S. Remi, que Flodoard l'a inſéré dans ſon hiſtoire, & que Baudri en a cité des paſſages. Voilà à quoi ſe réduit le Mémoire ſuſdit, qui dès l'an 1778 a été lu à la Séance de l'Académie du 10 Mars. Je n'ai point diſcuté toutes les raiſons, que M. Des Roches y allegue pour réfuter ou énerver les argumens, que les ſavans ont employés pour montrer la ſuppoſition du Teſtament en queſtion. Mes occupations continuelles & indiſpenſables ne me l'ont point permis ; mais j'ai au moins examiné avec attention les points, qui regardent ſpécialement les Bollandiſtes. Encore ai-je, pour ne pas être trop long, trouvé à propos de n'en toucher que ceux, qui m'ont paru ſuſceptibles d'une réfutation ſi claire & ſi préciſe, qu'il ſera, ſi je ne me trompe, tout-à-fait impoſſible, où du moins très-difficile d'y donner une bonne réponſe. Les points de cette nature, qui ſe trouvent au Mémoire de M. Des Roches, ſont au nombre de deux. Le premier contient ce que M. Des Roches dit par rapport à l'objection, que le Bollandiſte Suyskens a faite au ſujet du jeune hom-

A iv

me, nommé Chlodoalde, que le Teſtament dit avoir donné à S. Remi la terre de Douzy, & avoir eu part dans la donation des terres de Coucy & de July, faite au même Saint du vivant de Clovis.

Le deuxieme a pour objet l'objection que M. Des Roches dit avoir inventée lui-même & être la plus forte de toutes celles, qui ont été faites juſqu'à préſent. En traitant du premier de ces deux points, je montrerai que le P. Suyskens a invinciblement prouvé la ſuppoſition du Teſtament, & en traitant du ſecond, je montrerai que M. Des Roches eſt tombé dans plus d'une erreur, & qu'il ne prouve pas par des auteurs contemporains, ce qu'il prétend démontrer par des autorités ſi reſpectables.

Commençons par ce dernier point, & écoutons avant tout, comment M. Des Roches parle de l'objection qu'il prétend avoir inventée.

Avant que de finir, dit-il pag. 561, *ce Mémoire, je propoſerai à mon tour une difficulté nouvelle, non pas une du genre qu'on a vu, & qui s'évanouiſſent dès qu'on les examine avec attention ; mais une difficulté réelle & capable d'embarraſſer les plus habiles défenſeurs. Il eſt ſurprenant, que ceux, qui ont amaſſé tant de minces objections, ne ſe ſoient jamais aviſés de*

celle-ci. Elle est tirée de la quatrieme souscrip-
tion au bas du Testament ; elle porte „ *Medardus*
„ *episcopus* ", c'est *S. Medard , Evêque de
Noyon & de Tournay.* Voilà des forces bien
formidables, que M. Des Roches attribue à
l'objeΦion, qu'il va nous proposer contre le
Testament de S. Remi ; & qui après un tel
debut, ne s'attendroit pas de sa part à une
objeΦion, dont la solution soit tout-à-fait im-
possible, où du moins très-difficile ? Il s'en
faut cependant de beaucoup ; peu de mots
pourroient faire disparoître cette redoutable
difficulté ; mais M. Des Roches la croit trop
importante pour être aussi laconique sur ce
Chapitre. Voici comme il nous propose cette
terrible & embarrassante objeΦion.

Le DoΦeur Launoy , dit-il pag. 652, *à qui
une critique quelquefois trop sévere , fit donner
en France le nom de dénicheur des Saints, s'é-
tant proposé de faire voir la supposition de la
Vie de S. Medard , attribuée à Fortunat , a cru
trouver une preuve décisive dans un endroit de
cette Vie , où il est dit que S. Medard fut sa-
cré par les mains de S. Remi. Selon le calcul
de Baronius ce dernier mourut en 541. Selon
le pere Pere Petau , ce fut avant l'an 535 ; &
ce dernier sentiment est incontestable , parce que
Flavius, un des successeurs de S. Remi , sous-
crivit le Concile de Clermont , tenu cette même*

année. S. Medard fiégea quinze ans. ,, Ter ,, quinis annorum circulis ", dit le Fortunat, vrai ou fuppofé ,, pontificatus fui officium feli- ,, citer adminiftravit ". Baronius fait mourir S. Medard en 564. Adrien de Valois place cette mort en 560 ; ce qui eft conforme à quelques anciens monumens. Si l'on adopte l'opinion de Baronius, S. Medard aura été fait Evêque en 549 ; fi l'on fuit Adrien de Valois, ce fera en 545 ; mais quelque fyftême qu'on embraffe, il eft impoffible que S. Medard ait été Evêque avant la mort de S. Remi, fûrement antérieure à l'an 535, & par conféquent la foufcription du Teftament ,, Medardus epifcopus ", ne fauroit être de lui. Voilà donc l'objection, que M. Des Roches fait contre le Teftament de S. Remi. Il fe vante d'abord après les paroles, que je viens de tranfcrire, de s'en être apperçu le pre- mier ; mais puifque tous les favans, qui veu- lent prononcer fur l'authenticité des an- ciens inftrumens, fouffignés par des Evêques, examinent prefque toujours avant tout, fi ces Evêques ont vécu & fiégé au temps que ces inftrumens-là ont été faits ou don- nés, eft-il bien croyable qu'un Chifflet, qu'un le Cointe, qu'un Natalis Alexander & grand nombre d'autres critiques du pre- mier ordre, qui ont tâché de prouver la fup- pofition du Teftament de S. Remi, ne fe ſoient pàs apperçus de cette objeꞔion-là? Non, non, cela ne paroît croyable en aucune façon, & je ne ſais s'il n'y a même pas une eſpece de témérité à ſoutenir le contraire. Mais, me dira-t-on, ſi les ſavans ſe font apperçus de cette objeꞔion, pourquoi ne s'en font-ils pas ſervis. *Je ne ſais*, dit M. Des Roches pag. 644, *par quel deſtin biſarre il eſt arrivé que les critiques, à qui le Teſtament a paru ſuſpeꞔ, aient toujours fait des objeꞔions qu'il ne falloit point faire, & n'ont jamais dit ce qu'il falloit dire.* Ainſi parle M. Des Roches, faiſant d'avance alluſion à l'objeꞔion qu'il nous propoſe enfin à la page 652. La ſuite de ce diſcours fera voir le cas qu'il faut faire de cette eſpece d'épiphoneme, & ſi les ſavans auroient dû, comme le veut M. Des Roches, ſe ſervir de cette objeꞔion-là préférablement à toutes les autres, qu'ils ont employées pour prouver la ſuppoſition du Teſtament. Je réponds cependant dès-à-préſent, que les ſavans, quoiqu'ils ſe ſoient très-vraiſemblablement fort-bien apperçus de l'objeꞔion ſuſdite, n'ont néanmoins pas voulu s'en ſervir, parce qu'ils ſe ſont en même-temps apperçus qu'elle n'étoit d'aucun poids. M. Des Roches aſſure bien, comme j'ai déja dit ci-deſſus, que cette objeꞔion-là vaut bien toutes celles, que les critiques ont imaginées jufqu'à préfent; mais je ne faurois lui accorder ceci. Au contraire, je fuis d'opinion, que ladite objection eft une des plus minces, qui aient été faites jufqu'à préfent, qu'elle mérite à peine le nom de difficulté, & que nommément le Bollandifte Suyskens auroit été très-mal avifé de s'en fervir. Ce que je vais dire à ce fujet, fera voir, fi j'ai tort. Fortunat, Auteur du fixieme Siecle, & par conféquent contemporain ou à peu près contemporain de S. Medard, a écrit la vie de ce Saint. Cette vie a été premierement donnée au jour par Dom d'Acheri dans le huitieme Tome de fon Spicilege à commencer de la page 391, & le P. Papebrochius l'a enfuite tirée de plufieurs manufcrits & inférée dans le fecond Tome de Juin de l'Ouvrage Bollandien. On lit touchant S. Medard dans l'une & l'autre de ces deux Editions de ladite vie les paroles fuivantes : *Cùm jam multimodis virtutum fulgeret ftudiis, famaque ejus per diverfa orbis fpatia gratiá crefcente præcelleret, defunéto viromandenfium urbis Pontifice, in ejus locum confecratur Epifcopus. Ubi converfatione cælefti terquinis annorum circulis in fanétimonia ipfius officii Sacerdos extitit pretiofus;* ainfi donc il eft tout-à-fait fûr par ce texte de la vie de S. Medard, écrite par Fortunat, que ce faint Evêque de Tournay

& de Noyon a été Evêque pendant l'efpace de quinze ans. Mais d'où faut-il commencer ces quinze ans ? Faut-il les commencer avec Baronius l'an 549, ou avec Valefius dès l'an 545, ou bien encore plutôt ? Henfchenius a publié dans l'Ouvrage Bollandien au 20 Février quatre vies différentes de S. Eleuthere, Evêque de Tournay, & il a prouvé très-clairement au §. 1. du Commentaire, dont il les a éclaircies, que ce faint Evêque eft mort l'an 531. Enfuite le Pere Papebrochius, fondé fur cette époque de la mort de S. Eleuthere, & fachant tant par les vies de S. Medard, que par d'autres monumens, que celui-ci a immédiatement fuccédé à S. Eleuthere dans le Siege de Tournay, il a lié (au huitieme Juin dans fon Commentaire fur les vies de S. Medard) cette fucceffion avec la même année 531, dans laquelle, comme il le voyoit démontré par Henfchenius, S. Eleuthere eft venu à mourir. De plus fachant, qu'on ne peut nier, que S. Medard n'ait été, avant que de parvenir au fiege de Tournay, quelque tems Evêque du Vermandois, & qu'il en a même alors transféré le fiege à Noyon, il a placé le commencement de l'Epifcopat de S. Medard vers l'an 530.

Voilà le fentiment qu'a fuivi ce célebre Bollandifte, & puifque par tout ce que je

viens de dire il paroît très-bien fondé, il en
fuit, que les quinze ans d'Epifcopat, que
Fortunat attribue à S. Medard, doivent être
commencés d'environ l'an 530, & que par
conféquent la mort de ce même Evêque doit
être placée vers l'an 545, vers lequel le P.
Papebrochius l'a auffi effectivement placée.
Voyons maintenant, fi le P. Suyskens auroit
dû fe fervir de l'objection, tirée par M. Des
Roches de la foufcription *Medardus epifcopus*. Il n'y a aucun lieu de douter, que ce
Bollandifte n'ait eu devant les yeux les Commentaires fur les vies de S. Eleuthere, Evêque de Tournay, & de S. Medard, Succef-
feur immédiat de celui-ci, que, comme je
viens de dire, les Peres Henfchenius & Papebrochius ont publiés. Il en avoit par conféquent appris, que S. Eleuthere eft mort l'an
531, & que S. Medard lui eft immédiatement
fuccédé. Il en favoit auffi, que S. Medard
avoit même avant cette année-ci été Evêque du Vermandois vers l'an 530 & que
par conféquent il avoit pu fouffigner comme
Evêque le Teftament de S. Remi, feulement
fait l'an 532. Il en favoit en outre, que Fortunat attribue quinze ans d'Epifcopat à S.
Medard, & que par conféquent celui-ci doit
être mort vers l'an 545.

Oui le P. Suyskens favoit affurément tout

eela, &, puifqu'il le favoit, comment auroit-il pu ou voulu, pour prouver la fuppofition du Teftament de S. Remi, fe fervir de
l'objection, tant vantée par Mr. des Roches,
& cependant uniquement fondée fur l'époque de la mort de S. Medard, reculée par
Baronius & Valefius au-delà de l'an 559 ?
Non, non le P. Suyskens n'a pas été auffi
mal-avifé, que d'employer des objections fondées fur des époques très-probablement fauffes.

L'objection de M. Des Roches eft trop
mince, & s'évanouit à l'inftant, quand on
jette feulement les yeux fur l'année de la
mort de S. Eleuthere & de la fucceffion immédiate de S. Medard à celui-ci. Il faudroit,
pour qu'elle fût de quelque poids, que l'opinion de Valefius & de Baronius, qui reculent la mort de S. Medard au-delà de
l'an 559, eût au moins quelque probabilité
bien fondée; mais, puifqu'eu égard aux raifons, que Papebrochius & Henfchenius alleguent dans les commentaires fufdits, l'opinion, qui place le commencement de l'Epifcopat de S. Medard vers l'an 530 & par
conféquent fa mort vers l'an 545, ne paroît
aucunement douteufe, quelle probabilité peut
avoir l'opinion de Valefius & de Baronius,
dont le premier fait mourir S. Medard l'an
560, & l'autre l'an 564 ? Affurément il ne

paroît pas, que cette probabilité-là puiſſe être bien ſolidement établie. Mais laiſſons là pour quelques momens l'opinion, qui place la mort de S. Medard vers l'an 545, & ſans avoir égard aux raiſons, ſur leſquelles elle eſt fondée, faiſons ſeulement attention à l'opinion, qui recule la mort de S. Medard au-delà de l'an 559, & voyons, s'il y a quelque raiſon ſolide, ſur laquelle on puiſſe établir celle-ci.

Le fondement principal, ſur lequel on a voulu établir cette opinion, n'eſt autre que la vie de S. Medard, mal attribuée par quelques-uns à Fortunat, & donnée au jour par Surius le huitieme de Juin. Examinons donc, ſi fondé ſur cette vie l'on peut avec raiſon reculer la mort de S. Medard au-delà de l'an 559.

L'Auteur anonyme, par lequel cette vie-là a été écrite, dit au chap. 18, que S. Medard a reçu à gouverner ſous S. Remi, ſon métropolitain, les deux Egliſes de Noion & de Tournai, & enſuite il écrit au chap. 29, que S. Medard a gouverné quinze ans l'Egliſe de Tournay & qu'étant à l'article de la mort il a été viſité par le Roi Clothaire, retournant de l'expédition, dans laquelle il avoit fait périr Chramnus ſon fils, révolté contre lui. Cette expédition ſelon le ſentiment

ment de prefque tous les écrivains modernes
tombe fur l'an 560 ou 561 , & puifque felon
l'Auteur de ladite vie S. Medard doit être
mort après cette même expédition , la mort
de ce faint Evêque ne fera felon lui arrivée
que l'an 560 ou même encore plus tard ; mais
puifqu'il dit , que S. Medard a été quinze ans
évêque de Tournai , comment a-t-il différé
jufqu'à l'an 560 la mort de ce même S. Medard , qu'il écrit avoir été fait évêque de
Tournai avant la mort de S. Remi , arrivée
l'an 532 ? N'a-t-il donc pas vu , que l'efpace
intermédiaire entre l'an 560 & l'an 532 monte
à plus de quinze ans ? Il eft très-apparent ,
que ne fçachant pas bien le tems , auquel ar-
riva l'expédition fufdite de Clothaire , il aura
aveuglément fuivi l'Auteur des Actes des
Rois des Francs , déja publiés par plufieurs ,
& encore en dernier lieu par Dom Martin
Bouquet dans le fecond Tome des écrivains
de la France , page 542 & fuivantes. J'en juge
ainfi , parce qu'en effet l'Auteur de ces Actes ,
après avoir rapporté au Chap. 28 l'expédition
fufdite & la mort tragique de Chramnus ,
ajoute auffi-tôt au Chap. 29 , que S. Medard eft venu à mourir au même tems. *Tunc
quoque* , dit-il , *in illis temporibus beatiffi-
mus Medardus epifcopus.... migravit ad Dominum ;* mais ces Actes-là ne méritent prefque

B

aucune foi, & pour cette raiſon les Savans ſont accoutumés de donner à l'Auteur inconnu, qui les a écrits au huitième Siecle, le nom de *Fabulateur anonyme*, comme aſſure ledit Bouquet dans l'avis, qu'il a mis à la tête des actes en queſtion. Telle eſt vraiſemblablement la ſource, où l'Auteur de la vie de S. Medard, publiée par Surius, paroît avoir puiſé le peu d'intervalle de tems, qu'il met entre la défaite de Chramnus & la mort de S. Medard ; mais puiſque cette ſource-là, comme je viens de le dire, ne mérite preſqu'aucune foi, cet écrivain n'en mérite également que très-peu, & par conſéquent l'opinion, qui fondée ſur cet Auteur recule la mort de S. Medard au-de-là de l'an 559, conſidérée en elle-même n'a auſſi que très-peu de probabilité.

Il eſt vrai, que Gregoire de Tours, ayant raconté au livre 4 de ſon Hiſtoire la mort de Theodebalde, Roi des Francs, arrivée l'an 555, dit au Chapitre 19 du même livre, *Tempore quoque Chlotacharii Regis ſanctus Dei Medardus epiſcopus... diem obiit*, & que de cette façon l'Auteur anonyme des Actes des Rois des Francs, ainſi que celui, qui a écrit la vie de S. Medard, publiée par Surius, peut avoir eu quelque raiſon de reculer la mort de S. Medard au-delà de l'an 559, &

d'articuler un fait, d'où il fuivroit qu'elle ne feroit arrivée que l'an 560 ou encore plus tard ; mais l'expreffion *tempore quoque Chlotacharii Regis* étant générale & ne défignant aucune date déterminée s'étend indiftinctement à tout le temps du regne de Clothaire, qui a duré depuis l'an 511 jufqu'à l'an 561, & par conféquent l'évenement de la mort de S. Medard, auquel cette expreffion fe rapporte, n'eft pas lié, quant au tems, avec ce que Grégoire raconte immédiatement avant & après ce même évenement.

Cette réponfe eft à-peu-près la même, dont M. des Roches s'eft fervi dans fon Mémoire pag. 656 & 657 en répondant à ceux, qui à caufe du paffage cité de Grégoire prétendroient abfolument, qu'il faille faire mourir S. Medard l'an 560 ; or, puifqu'elle paroît très-jufte, ce paffage ne donne affûrément que très-peu ou point de probabilité à l'opinion de ceux-ci.

Mais, dira-t-on, puifque cette opinion, de quelque façon qu'on la confidere, eft fi peu fondée & que M. Des Roches en rejette lui-même l'appui principal, c'eft-à-dire, le paffage fufdit de Grégoire de Tours, comment l'argument, qui doit tirer prefque toute fa force de cette même opinion, a-t-il pu paroître à ce Monfieur le plus fort de tous ceux, qui jufqu'à préfent aient été propofés contre le

plus ample des teſtamens, attribués à S. Remi? C'eſt ce qu'on ne comprend pas d'abord
aſſez bien. Cependant en conſidérant la choſe
un peu plus attentivement, je penſe que c'eſt
peut-être parce que ladite opinion, malgré tout
ce qu'il ſemble dire de contraire, lui a parù
très-probable, à moins qu'on ne montre par
des Auteurs Contemporains, que S. Medard
ait été évêque avant la mort de S. Remi &
qu'il ne puiſſe avoir vécu juſqu'à l'an 560.

J'en juge ainſi, parce que M. des Roches, ayant propoſé contre le teſtament de
S. Remi l'objection, ci-deſſus rapportée &
ayant néanmoins auſſi dit, que les années
de l'épiſcopat de S. Medard ne ſont pas
aſſez bien déterminées pour pouvoir en
conclure la ſuppoſition du teſtament de S.
Remi, parle enſuite à la page 653 de
cette façon : *Pour ſavoir à quoi nous en te-*
nir, abandonnons les raiſonnemens des Moder-
nes, & cherchant dans les anciens quelque fil,
qui nous faſſe ſortir du Labyrinthe, voyons, ſi
le ſacre de S. Medard... n'a pu avoir lieu avant
la mort de S. Remi ; & parce qu'ayant, comme il dit, démontré par le témoignage des
Auteurs Contemporains, que du vivant de
S. Remi S. Medard a été Evêque, il ajoute : *Les Siecles ſuivans, ſur-tout le neuvieme &*
le dixieme m'auroient fourni un plus grand nom-

bre de preuves. J'aurois pu citer la vie de S. Eleuthere, le catalogue des évêques de Noïon, & les Chroniqueurs les plus eſtimés. Je m'en ſuis abſtenu, parce que j'étois perſuadé, que dix authorités ſemblables ne valent pas celle d'un Contemporain. Voilà donc, pourquoi je penſe, que la raiſon ſuſdite a porté M. Des Roches à regarder comme très-probable l'opinion, qui lie la mort de S. Medard avec l'an 560, mais pour faire voir le peu de probabilité de cette opinion, eſt-il abſolument néceſſaire de montrer par le témoignage des Auteurs Contemporains, que du vivant de S. Remi S. Medard ait été évêque & qu'il ne puiſſe avoir vécu juſqu'à l'an 560 ? Les raiſons, par leſquelles j'ai montré ci-deſſus le peu de probabilité de cette même opinion, montrent aſſez évidemment le contraire, & bien s'en prend-t-il à M. Des Roches, que la choſe ſoit ainſi ; car ſans cela le grand argument, qu'il propoſe contre le teſtament de S. Remi, retiendroit toute la force, qu'il lui attribue, & contribueroit contre ſon intention à en prouver la ſuppoſition. A la vérité il prétend avoir demontré par des Auteurs Contemporains, que S. Medard a été évêque avant la mort de S. Remi & ne peut avoir vecu juſqu'à l'an 560 ; mais les témoignages des Auteurs Contemporains, qu'il allegue, ne prouvent, à ce qu'il me paroît, ni l'un ni l'autre de ces deux points. Il fera aifé d'en juger, parce que je vais maintenant dire à ce fujet.

M. des Roches dit à la page 654, qu'eu égard à ce que Grégoire de Tours écrit au livre 3, Chap. 7 de fon Hiftoire, la conquête de la Thuringe par Thierri & Clothaire, par laquelle Radegonde, niece du Roi de Thuringe, tomba au pouvoir de Clotaire, a été faite immédiatement après la mort de Clomodir leur frere, arrivée l'an 524. Il dit de plus, que cette jeune Princeffe, n'étant alors pas encore nubile, n'a été prife en mariage par Clotaire qu'environ quatre ans après, & qu'après fix ans de mariage ayant pris le voile, ce dernier événement doit fe rapporter à l'an 534 au plus tard; or puifque S. Medard étoit alors évêque, il en conclud, que très-probablement il aura auffi été évêque avant la mort de S. Remi. Mais fuppofé, que S. Medard ait réellement été évêque dès l'année 534, en devient-il d'abord très-probable, qu'il l'ait auffi été avant l'année 532, pendant le cours de laquelle S. Remi eft venu à mourir ? Je ne vois rien, qui nous porte à regarder cette conféquence comme légitime.

De plus le raifonnement de M. Des Roches

ne prouve pas que S. Radegonde ait pris le voile au plus tard en l'an 534. Il faudroit pour cela, que la conquête de la Thuringe par Thierri & Clotaire eût effectivement été faite l'an 524, & que Ste. Radegonde eût alors été âgée au moins de huit ans; mais eſt-il bien ſûr, que la conquête de la Thuringe n'ait pas été faite plus tard? Il eſt vrai, que Grégoire de Tours, après avoir parlé de la mort de Clodomir, arrivée l'an 524, raconte d'abord la conquête de la Thuringe; mais il ne dit pas un feul mot, dont on puiſſe inférer, qu'il n'y ait pas eu deux ou trois années intermédiaires entre l'un & l'autre de ces deux événemens, & l'on ſait qu'il n'eſt pas rare de trouver dans Grégoire des événemens, qui, quoiqu'ils ne ſoient arrivés ni au même temps, ni à peu près au même temps, y ſont néanmoins rapportés les uns immédiatement après les autres.

Quant à Sigebert & Adon, que M. Des Roches allegue également pour conſtater l'époque, qu'il aſſigne à la conquête de la Thuringe, j'obſerve que le dernier de ces deux chroniqueurs dans les trois éditions, que j'en ai devant le yeux, ne lie point, comme dit M. Des Roches, cet événement avec l'an 524, mais qu'il le place entre l'an 518 & l'an 527. J'avoue que Sigebert le fait; mais il eſt très-apparent, qu'il n'en a uſé ainſi, que,

B iv

parce qu'il a obfervé, que Grégoire de Tours, ayant raconté la mort de Clodomir, arrivée l'an 524, rapporte d'abord la conquête de la Thuringe. Quoi qu'il en foit, Grégoire de Tours n'exprimant pas clairement le temps, auquel la Thuringe a été conquife, & Sigebert étant poftérieur de plufieurs fiecles à cet événement, il faut ici s'en tenir à Procope, auteur du fixieme Siecle, & par conféquent contemporain, qui écrit très-expreffément, que la guerre, par laquelle la Thuringe a été conquife par les Francs, n'a été entreprife qu'après la mort de Thierri, Roi d'Italie. *Poft Theodorici obitum*, dit-il au Livre I de la guerre Gothique chap. 13, *Franci, nemine jam obfiftente, Thoringos bello adorti, ipforum regem Hermenefridum occidunt ac totam gentem in ditionem fubjungunt fuam.* Or, puifque Thierri, comme Pagi dans fes Critiques contre Baronius, le prouve très-folidement, eft mort le 30 Aouft de l'an 526, il s'en fuit, que la guerre, par laquelle les Francs ont conquis la Thuringe, n'aura été entreprife que l'an 527.

Qu'on juge maintenant, fi M. Des Roches a eu raifon de prononcer auffi affirmativement qu'il l'a fait, que l'an 524, auquel il place la conquête de la Thuringe, eft un point fixe, dont on puiffe partir fans crainte de s'égarer. Qu'on juge, fi ce n'eft pas envain, qu'il a tâché de prouver par le témoignage de Grégoire de Tours, que Ste. Radegonde a pris le voile tout au plus tard en l'an 534 & que par conféquent S. Medard, qui étoit alors évêque, l'aura auffi très-probablement été avant la mort de S Remi ou l'an 532. Affurement, puifqu'il paroît certain par ce que je viens de dire, que la Thuringe n'a pas été conquife avant l'an 527, on pourroit, en raifonnant comme le fait ci-deffus M. des Roches, très-légitimement conclure que S. Radegonde n'a pris le voile qu'environ l'an 537, & fans doute il ne s'en fuivroit pas, que S. Medard ait été très-probablement évêque avant la mort de S. Remi ou l'an 532.

Encore eft-il fort douteux, fi S. Radegonde n'a pas pris le voile beaucoup plus tard qu'en l'an 537. Car (voyez le troifieme Tome d'Août de l'Ouvrage Bollandien pag. 51) il fe trouve des favans, qui prétendent avec affez de raifon, que la guerre de Thuringe ayant duré plus d'un an, S. Radegonde n'eft point tombée au pouvoir de Clotaire avant l'an 529, & n'a pas été prife en mariage avant l'an 538; d'où l'on pourroit feulement conclure, eu égard aux fix années, que Radegonde a partagé le lit de Clotaire, qu'elle a pris le voile l'an 544, & que par conféquent, S. Medard qui étoit alors évêque, l'a été depuis la même année. Mais il ne paroît pas néceffaire de me fervir ici de l'argument, que ces favans pourroient me fournir, vu que ce que je viens de dire plus haut, démontre affez, que le témoignage de Grégoire de Tours, allegué par M. Des Roches, ne prouve point, que S. Médard ait été évêque avant la mort de S. Remi. Voyons maintenant, fi le témoignage de S. Nicet, archevêque de Treves au fixieme fiecle, le prouve mieux.

M. Des Roches raifonne à ce fujet à la pag. 655 de cette façon. *Dans une lettre de S. Nicet, Archevêque de Treves, adreffée à la Reine Clodosvinde, époufe du fameux Alboïn, les deux Prélats* (à favoir S. Medard & S. Remi) *font joints enfemble, comme ayant fiégé au même temps. Il s'agit des miracles, qui fe faifoient à leurs tombeaux „ Id „ eo fit, ut locus ", dit S. Nicet, " ubi Deus eft, oftendatur. Quid de Domino Remigio & de Domino Medardo epifcopis, quos tu, credo, vidifti ?* Ainfi donc M. Des Roches veut, que S. Medard ait été évêque avant la mort de S. Remi, parce que fans cela il ne peut avoir fiégé avec celui-ci, & que néanmoins dans la lettre de S. Nicet ces deux Prélats font joints enfemble, comme ayant fiégé au même temps. Mais l'interprétation, que donne ici M. Des Roches à la lettre de S. Nicet, eſt-elle bien fondée ? Eſt-il bien certain, que S. Remi & S. Medard y ſoient joints enſemble, comme ayant ſiégé au même temps ? Si en effet S. Medard n'avoit pas été évêque avant la mort de S. Remi, pourroit-on en inférer, que S. Nicet ſe ſeroit écarté de la vérité en diſant : *Quid de Domino Remigio & de Domino Medardo Epiſcopis, quos tu, credo, vidiſti ?* Ce ſaint évêque, en ſuppoſant cela, ne ſeroit aſſurément pas plus tombé en ce défaut, que celui, qui ayant vu les Papes Benoît XIV & Clément XIII, diroit avoir vu ces deux Vicaires de Jeſus-Chriſt, & cependant ceux-ci n'ont certainement pas ſiégé au même temps. Il eſt vrai, que S. Nicet parlant de S. Remi parle auſſi de S. Medard, & qu'il donne tant à l'un qu'à l'autre le titre d'évêque ; mais il ne dit pas un ſeul mot, dont on puiſſe conclure, qu'ils aient ſiégé au même temps.

Il ajoute ſeulement, que Clodoſwinde, à ce qu'il croyoit, les avoit vus ; mais falloit-il pour cela, que S. Remi & S. Medard euſſent ſiégé au même temps ? Clodoſwinde pouvoit ſans doute avoir vu S. Remi avant l'an 532, & enſuite S. Medard, quoique celui-ci n'eût été conſacré évêque qu'après la mort de S. Remi. De plus, pour que S.

Nicet ait pu dire, que Clodofwinde avoit vu S. Remi & S. Medard, falloit-il, qu'elle eût vu l'un & l'autre de ces deux Saints, quand ils étoient tous deux évêques? Cela ne paroît point. Mais, puifque la chofe eft ainfi, quelle peut donc être la raifon, pour laquelle M. Des Roches ait dit, que dans la Lettre de S. Nicet il eft parlé de S. Remi & de S. Medard, comme ayant fiégé au même temps? Il ne la rapporte pas, & puifqu'il ne femble point, qu'elle ait été bien folide, la lettre ou le témoignage de S. Nicet, qu'il allegue, ne prouve également pas, que S. Medard ait été évêque avant la mort de. S. Remi.

Cependant, fi l'on en croit M. Des Roches, ladite lettre de S. Nicet à Clodofwinde ne prouve pas feulement cette époque, mais auffi l'impoffibilité de faire vivre S. Medard jufqu'à l'an 560. Voici la façon, dont il tâche de le montrer. *A la vérité*, dit-il page 657, *nous ignorons la date précife de cette lettre; mais les circonftances, qu'elle porte, nous donneront affez de lumiere pour le point, que nous cherchons. Clodofwinde, fille de Clotaire & de fa premiere femme Ingonde, (a) avoit époufé, comme je l'ai déja remarqué, le fameux Alboin, fondateur de l'empire des Lombards en Italie. Il*

____

(a) Greg. Tur. lib. 4, cap. 3.

eft important d'avoir ici une époque bien déterminée, qui nous conduife au tems de la mort de
Clodofwinde. Prenons l'année 568 fi clairement
marquée dans *Paul Diacre*, (a) pendant laquelle
Alboin entreprit la conquête de l'*Italie*. Il lui
a fallu du tems pour faire les préparatifs de cette
grande entreprife & pour fe fortifier par des al-
liances avec des Nations voifines ; parmi ces Nations, *Paul Diacre* nomme expreffément les *Gepides*, les *Bulgares*, les *Sarmates*, les *Panno-
niens*, les *Sueves*, les *Noriques*. (b) il dit, que
20000 familles *Saxonnes* fe laifferent engager à
courir une même fortune avec *Alboin*. (c) *Ajou-
tez* le tems, qu'il a fallu pour pratiquer des in-
telligences avec *Narfes*, qui l'appella en *Italie* ;
vous verrez qu'un fi grand appareil a dû abfor-
ber au moins deux ans. Il faut encore rétrogra-
der de quelques années, pendant lefquelles *Alboin* étoit ami & allié des *Romains*, & leur
fourniffoit des troupes dans la guerre de *Totila*. [d] Si de-là nous remontons à fon expédition contre les *Gepides*, on conviendra, que c'eft
être bien modéré, que de ne placer que 9 ou 10
ans depuis la guerre des *Gepides* jufqu'à celle
d'*Italie*. Or ce fut dans la premiere de ces guer-

(a) Lib. 2. cap. 7. (b) Lib. 2, cap. 26.
(c) Lib. 2, cap 6. (d) Lib. 2, cap. 1 & feq.

res , qu'Alboin emmena captive la belle Rofe-mondé, qu'il époufa fur le champ, fa femme Clodofwinde étant déja morte. Voyez ci-deffous le paffage très-intéreffant de Paul Diacre, [a] cité Note 5. La lettre de S. Nicet a donc été envoyée long-temps avant la guerre des Gepides. S. Medard étoit mort depuis quelque temps, lorfqu'elle fut écrite. Après cela comment eft-il poffible de faire vivre ce faint Evêque jufqu'en 560 ?

Tel eft le raifonnement de M. Des Roches, & puifque dans la lettre de S. Nicet, fur laquelle il s'appuye, il eft parlé des miracles, qui du temps de ce Saint s'opéroient aux tombeaux de S. Remi & de S. Medard, il eft tout-à-fait certain, que S. Medard étoit déja mort, lorfqu'elle fut écrite. Il n'y a pas non plus lieu de douter, qu'elle n'ait été envoyée avant la guerre & la défaite totale des Gepides, vu qu'elle eft adreffée à la Reine Clodofwinde, & que celle-ci étoit morte avant cette guerre-là, comme Paul Diacre nous l'apprend au livre 1, Chap. 27 de fon Hiftoire des Lombards. Mais la guerre, par laquelle le Royaume des Gepides a été aboli, a-t-elle, comme le veut M. des Roches, précédé de 9 ou 10 ans au moins

---

(*a*) Lib. I cap. 27.

l'expédition contre l'Italie , entreprise par Alboin l'an 568 ? C'est ce qui n'est rien moins que certain ; j'avoue , qu'Alboin , ayant été invité par Narses pour s'emparer de l'Italie, il a fallu du temps pour faire les préparatifs de cette grande entreprise, & que par conséquent il faut mettre entre celle-ci & la guerre des Gepides , deux ans ou du moins l'espace de plus d'un an ; mais faut-il aussi mettre entre ces deux événemens quelques années, pendant lesquelles Alboïn étoit ami & allié des Romains, & leur fournissoit des troupes dans la guerre contre les Goths & leur Roi Totila ? C'est ce qui seroit tout-à-fait nécessaire, & même, puisque la guerre de Totila, dans laquelle Alboin a fourni du secours aux Romains, n'a pas été terminée avant l'an 552, il faudroit mettre non-seulement 9 ou 10, mais au moins 17 ans entre la guerre des Gepides, & l'irruption d'Alboin dans l'Italie, si la guerre contre Totila avoit été précédée par la guerre, qui a renversé le Royaume des Gepides ; mais cette guerre-ci est postérieure à celle de Totila. Il est vrai , que Paul Diacre ne raconte la fin de cette derniere guerre, qu'après avoir raconté la fin de la guerre des Gepides ; mais cet écrivain ne rapporte pas toujours les choses selon l'ordre, qu'elles sont arrivées.

Muratori au tome I des Ecrivains d'Italie, ou celui, qui y a fait des obfervations fur Paul Diacre, l'a très-bien obfervé, & en conféquence, fans avoir égard à l'ordre, que fuit cet hiftorien, il a placé la guerre des Gepides aux premieres années de Juftin le Jeune, qui a commencé de regner fur la fin de l'an 565 ; de forte que felon lui cette guerre n'a certainement pas précédé de neuf ou de dix ans l'éxpédition d'Alboin contre l'Italie, & affurément il faut avouer, qu'il a raifon.

Car fi la guerre des Gepides avoit effectivement précédé de neuf ou de dix ans la guerre d'Alboin, contre l'Italie, il s'enfuivroit, que la premiere de ces deux guerres auroit eu lieu l'an 558 ou 559, & que par conféquent Clodofwinde, qui, comme nous avons déja vu, étoit morte au temps de la guerre des Gepides, l'auroit été dès l'an 557 ou encore plutôt. Or, cette Reine des Lombards n'étoit même pas encore morte l'an 561. La lettre même de S. Nicet à cette Princeffe va nous en fournir la preuve. Elle commence par ces paroles : *Cùm legatos veftros per Francorum reges, germanos tuos, ire confpicimus, de profperitate veftra folliciti fumus.*

Ainfi donc cette lettre-là a été écrite, quand des Ambaffadeurs de Clodofwinde & d'Alboin fon mari paffoient par les Royaumes des freres

de

de Clodofwinde. Mais quand cela s'eft-il fait ? Les freres de Clodofwinde étoient Charibert, Guntchramne, Chilperic & Sigebert, & puifque leur pere Clothaire, comme Pagi dans fa Critique de Baronius le prouve très-évidemment, n'eft mort que vers la fin de l'an 561, & que par conféquent ils n'ont commencé à regner que vers la fin de cette même année, le paffage des Ambaffadeurs d'Alboin par leur Royaume, dont parle S. Nicet, ne fera affurément pas arrivé avant l'an 561 ; d'où il fuit, que la lettre, dans laquelle ce faint évêque parle de cet événement, n'a également pas été écrite avant cet an, & que par conféquent Clodofwinde étoit alors encore en vie. Or, puifque cette Princeffe, comme j'ai déja dit ci-deffus, étoit morte au temps de la guerre des Gepides, il s'enfuit, que cette guerre ne peut avoir eu lieu qu'après l'an 561, & que par conféquent elle n'a point précédé de neuf ou dix ans l'expédition, où la guerre d'Alboin contre l'Italie, arrivée l'an 568. Mais quand donc enfin peut avoir eu lieu la guerre, par laquelle les Gepides ont été totalement défaits, & leur Royaume renverfé ? Puifque la guerre des Romains contre Totila n'a été terminée par la mort de ce Prince, que l'an 552, & que par conféquent, la guerre des Gepides, qui, felon ce que je viens de dire , ne peut avoir eu lieu qu’après l’an 561, lui eſt poſtérieure, il n’y a rien , qui empêche de reculer celle-ci avec Muratori ou l’Auteur des Obſervations ci-deſſus cité , juſqu’aux premieres années de Juſtin le Jeune , c’eſt-à-dire juſqu’aux années 565 , 566 ou 567 ; & il paroît très-croyable , qu’elle aura eu lieu l’an 566.

Quant à ce qui regarde la lettre de S. Nicet à Clodoſwinde, qui, comme nous avons vu ci-deſſus , étoit morte au temps de cette guerre; Pagi, dans ſa Critique , dit, qu’elle a été écrite vers l’an 563 ; mais Sirmond & après lui, le célebre van Hontheim , Suffragant de Treves, la lient avec l’an 565. Je ne ſaurois décider avec certitude , lequel de ces deux ſentimens ſoit vrai ; mais, puiſque du moins ce que j’ai dit ci-deſſus ne laiſſe pas lieu de douter, que ladite lettre n’ait été écrite en l’an 561 où en l’un de quatre ſuivans, elle n’empêche pas de faire vivre S. Medard juſqu’en 560. A la vérité, il y eſt parlé de S. Medard , comme étant déja mort ; mais on n’y dit pas, que ce ſaint évêque étoit déja mort depuis long-temps. Les paroles , par leſquelles il y eſt parlé de lui , ſont celles-ci : *Quid de Domino Remigio & de Domino Medardo epiſcopis , quos tu , credo , vidiſti ? Non poſſumus tanta exponere , quanta mirabilia per illos Deum videmus facere* ; & je ne vois pas, qu'elles n'euffent pu être dites de S. Remi & de S. Medard , quoique l'un & l'autre n'eût été mort que depuis trois ou quatre ans. S. Medard a fait d'abord après fa mort, grand nombre de miracles ; & c'eft ce qu'il faut bien remarquer ici.

M. Des Roches prétend, que les paroles de S. Nicet, que je viens de rapporter, font des termes du nombre de ceux, qu'on a coutume d'employer , quand on parle d'un homme , mort depuis long-temps ; mais il ne prouve pas ce qu'il dit , & s'il y avoit effectivement quelque inconvénient à dire que ces paroles ou ces termes peuvent être entendus d'un homme , qui feroit feulement mort depuis trois ou quatre ans , ce même inconvénient fe rencontreroit également dans le fyftême de M. Des Roches. Car, puifque dans ce fyftême , la guerre de Totila , qui par la mort de ce Prince, s'eft terminée l'an 552 , eft poftérieure à la guerre des Gepides , il faut, felon M. Des Roches, que cette derniere guerre foit arrivée tout au plus tard l'an 551 , & eu égard, que la lettre de S. Nicet à Clodofwinde a précédé la même guerre des Gepides , elle doit dans le même fyftême , avoir été écrite tout au plus tard l'an 550 , & M. des Roches , qui place la mort de S. Medard en l'an 546 ,

C ij

doit par conséquent, en suivant son système,
nécessairement dire, que les paroles de S. Nicet, ci-dessus transcrites, peuvent se rapporter à S. Medard, quoique ce saint évêque,
quand elles ont été dites, fût seulement mort
depuis quatre ans. Je ne sais pas, si M. Des
Roches a vu, que la lettre de S. Nicet à Clo-
doswinde, quoiqu'écrite, comme je l'ai fait
voir ci-dessus, après l'an 560, doit néanmoins,
dans son système, avoir été écrite tout au plus
tard l'an 550; mais s'il l'a vu, je m'étonne
de ce qu'il a avancé, que les paroles de S.
Nicet, ci-dessus rapportées, sont des termes
du nombre de ceux qu'on emploie, en parlant d'un homme, mort depuis long-temps.
Il auroit dû voir, que cela nuisoit à sa pro-
pre opinion, par laquelle il place la mort de
S. Medard en 546, comme j'ai déja dit;
mais, puisque la chose est ainsi, & que néanmoins lesdites paroles, comme je l'ai encore
observé, peuvent être entendues d'un homme, qui seroit seulement mort depuis trois ou
quatre ans, la lettre de S. Nicet, quoique
seulement écrite tout au plus tard l'an 564
ou 565, ne prouve point, qu'il soit impossi-
ble de reculer la mort de S. Medard jusqu'à
l'an 560, & quoiqu'en dise M. Des Roches,
l'envoi de la lettre de S. Nicet à Clodos-
winde, la mort de cette Princesse, l'expé-

dition d'Alboin contre Cunimond , Roi des Gepides , la bataille décisive , où celui-ci perdit la vie , les intrigues d'Alboin avec Narses , & ses préparatifs pour la guerre d'Italie peuvent très-bien être arrivés entre l'an 560 & l'an 568 , & ce qui est plus, tous ces événemens ont réellement eu lieu pendant cet espace de temps , comme il conste par-tout ce que j'en ai dit ci-dessus.

Quant à la guerre Gothique , elle est arrivée beaucoup plus tôt ; car , comme Pagi dans ses Critiques contre Baronius & nombre d'autres écrivains le démontrent évidemment , elle a été terminée tout-à-fait l'an 553 ou 554 , & pour autant qu'elle a regardé Totila en l'an 552 , auquel ce Prince a été totalement défait & tué.

Examinons maintenant le dernier argument de M. Des Roches , tendant aussi à prouver, que la mort de S. Medard ne peut être reculée jusqu'à l'an 560. *Nous avons,* dit-il, *dans le second Volume des Analecta de Mabillon, le Testament d'Aredius, fait en 571. On y lit cet article :* „ *Cellam quoque nostram,* „ *in honore S. Medardi dedicatam ,..... Mo-* „ *nachi Attanenses possideant .,. Est-il vraisemblable , qu'onze ans après la mort de S. Medard, il existât déja des Monasteres batis en son honneur ?* Tel est l'argument de M. Des Roches.

Mais, puifque Clothaire, Roi des Francs, qui n'a vécu après la mort de S. Medard ou l'an 545, que feize ans, a commencé (Voyez le 2e. tome du Juin Bollandien pag. 74, 85 & 93) à bâtir une nouvelle & magnifique Eglife en fon honneur, pourquoi ne pourroit-il pas fe faire, pourquoi même ne feroit-il pas vraifemblable, qu'onze ans après la mort du même S. Medard on eût auffi bâti quelque Monaftere en l'honneur de ce même faint? Il n'eft point dit dans le Teftament d'Aredius, qu'il y eût dès-lors plufieurs Monafteres, bâtis à l'honneur de S. Medard; il n'y eft fait mention que d'un feul, & cela encore fans dire la moindre chofe, qui porte à croire, que le mot *cella* y foit employé pour marquer un grand Monaftere. Ce mot, comme on le peut voir dans le Gloffaire de Du Cange, fe prend auffi fouvent pour fignifier un petit Monaftere, dépendant d'un plus grand, & puifque S. Medard, comme on le peut voir dans fes Vies, données au jour dans le fecond tome du Juin Bollandien, a d'abord après fa mort opéré grand nombre de miracles, pourquoi ne fe pourroit-il pas, que, la renommée de fa fainteté étant en très-peu de temps répandue de tout côté, S. Aredius eût fait bâtir en fon honneur, un petit Monaftere pour y envoyer de temps à autre en retraite ſes Cénobites? Quoi qu'il en ſoit, la choſe n'eſt pas hors de vraiſemblance, &, ſi l'on perſiſtoit à la nier, on pourroit encore répondre que le Teſtament d'Aredius n'eſt point regardé par tous les ſavans comme une piece authentique. Le Pere le Cointe, après en avoir lû quelques paſſages, en parle au deuxieme tome de ſes Annales des Francs, pag. 393, de cette façon : *Superſedemus genealogiæ, Teſtamento ac donationibus Aredii ejuſque matris Pelagiæ, quæ deſcribuntur à Labbeo inter Miſcellanea curioſa, & à Sammarthanis in Gallia Chriſtiana : nullius enim ſunt fidei faſtidiumque pariunt erudito lectori.*

Ainſi donc, tout mûrement conſidéré, le Teſtament d'Aredius ne prouve pas, que la mort de S. Medard ne puiſſe pas être reculée juſqu'à l'an 560, & puiſque les témoignages de S. Nicet & de S. Grégoire de Tours, rappellés ci-deſſus, ne le prouvent pas davantage, & que ces mêmes témoignages démontrent encore moins, que S. Medard ait été évêque avant la mort de S. Remi, M. Des Roches en alléguant ces auteurs & le Teſtament d'Aredius pour prouver ces deux points, n'a point énervé ou affoibli, par le témoignage des auteurs contemporains, l'objection qu'il a lui-même formée contre le Teſtament de S. Remi, vû qu'il n'a pas porté

C iv

atteinte à l'opinion, qui en reculant la mort
de S. Medard au-delà de l'an 559, en fait
toute la force. Mais, quoique la chofe en
foit ainfi, & que par conféquent, eu égard
aux feules raifons, alléguées contre cette ob-
jection-là par M. Des Roches, elle retienne
toutes les forces, que celui-ci lui attribue,
cette même objection néanmoins ne prouve
en aucune façon la fuppofition du plus ample des Teftamens de S. Remi, elle eft une
des plus minces, qui aient été faites jufqu'à
préfent contre l'authenticité de cette piece,
& ne mérite qu'à peine le nom d'objection
ou de difficulté. Les raifons, que j'ai alléguées ci-deffus, felon lefquelles S. Medard a
commencé à être évêque vers l'an 530, &
mourut vers l'an 545, démontrent toute la
foibleffe de la prétendue formidable objection,
inventée par M. Des Roches, & ne prouvent
pas moins clairement, que le Bollandifte Suyskens a juftement fait ce qu'il a dû faire en
ne point fe fervant de ladite objection.

Mais pour paffer enfin au deuxieme des
points du Mémoire de M. Des Roches, que
j'ai examinés avec attention & réfolu de toucher ici, voyons maintenant auffi, fi le
même Bollandifte Suyskens n'a point fait
contre le Teftament de S. Remi une objection qu'il n'auroit point dû faire, en faifant

valoir celle, qu'il a formée à l'occasion du jeune homme, nommé Chlodoalde, que ce Testament dit avoir donné à S. Remi la terre de Douzy.

Ce Bollandiste la croit la plus forte de toutes les objections, qui aient été faites contre ledit Testament, & il l'appelle *certae suppositionis argumentum.* M. Des Roches, au contraire, prétend, qu'elle n'est d'aucun poids, & que par conséquent elle n'auroit point dû être faite ; mais il ne prouve pas ce qu'il avance ici, & il paroît, que l'objection du Bollandiste prouve invinciblement la supposition du Testament.

Pour qu'on en puisse mieux juger, il sera bon, avant d'aller plus loin, de mettre devant les yeux, non-seulement cette objection, mais aussi ce que M. Des Roches y oppose. S. Remi, auquel on attribue le Testament en question, en léguant à l'Eglise de Rheims la terre de Douzy, en latin *Duziacum*, ou *Duodeciacus*, ou aussi, comme d'autres écrivent, *Deduciacus*, s'y exprime au rapport de Frodoard de l'édition de Colvenerius pag. 85 en ces termes: *Duodeciacus verò, sicut à Clodowaldo nobilissimæ indolis puero confirmatum est, tibi heres mea* (Remensis ecclesia) *perpetualiter famuletur ;* & plus bas, dans la même édition pag. 86, en confirmant à son Eglise la donation de Coucy & de July, il dit : *Neque priùs de regno ejus, quantùm paſſus eſt pedis, eccleſiæ Remorum jungere volui, donec, ut hoc omnibus eccleſiis adimpleret, obtinui. Sed neque poſt ejus* [Clodovei nimirum] *baptiſmum, niſi Codiciacum & Juliacum, ſuper quibus jam dictus puer ſanctiſſimus & unanimus mihi Clodowaldus, & incolae loci illius multiplicibus Xeniis gravati, obnixè deprecantes, quod regi debebant, eccleſiae meae ſolvendum me petere compulerunt. Quod idem piiſſimus rex* [Clodoveus] *& gratanter accipiens, promptiſſima voluntate largitus eſt, uſibuſque tuis, ſanctiſſima heres mea, juxta ejuſdem piiſſimi datoris præceptum epiſcopali auctoritate firmavi.*

Le Bollandiſte Suykens ayant obſervé que ſelon ces deux paſſages ou Articles du Teſtament de S. Remi, l'une de ces deux donations, qui ſelon les mêmes paſſages ont eu lieu du vivant de S. Remi, doit avoir été faite à ce Saint par le Clodoalde y mentionné, & l'autre par le concours du même Clodoalde, & ſe perſuadant avec raiſon, comme nous verrons ci-après, que ce Clodoalde n'étoit autre que S. Clodoalde, petit-fils de Clovis, communément appellé par les François *S. Cloud*, a fait à ce ſujet le raiſonnement ſuivant.

Il n'eſt point probable, que S. Cloud ait fait la premiere des deux donations ſuſdites; il n'avoit que dix ans, quand S. Remi mourut; il n'avoit pas encore de quoi la faire, & ce n'eſt point la coutume, que des enfans d'un âge ſi peu avancé faſſent des donations pareilles. Quant à la deuxieme des dites donations, ce qui eſt dit dans le ſecond des paſſages du Teſtament ci-deſſus tranſcrits, eſt encore beaucoup plus manifeſtement faux. Car, puiſque S. Cloud n'avoit que dix ans au temps de la mort de S. Remi, c'eſt-à-dire en 532, comment a-t-il pu faire ce qu'on lui y attribue, du vivant de Clovis, qui mourut en 511?

Tel eſt à-peu-près le raiſonnement, que le P. Suyskens nous donne au premier Volume du mois d'Octobre des Bollandiſtes pag. 109.

Voici maintenant, ce que M. Des Roches y oppoſe. *Je ſuis ſûr,* dit-il pag. 649, *que mes Lecteurs ſe ſont déja apperçus, que ce raiſonnement ne porte que ſur une ſuppoſition gratuite. Le Pere Suyskens auroit été bien embaraſſé, ſi quelqu'un lui eût demandé; comment il étoit parvenu à ſavoir, que le jeune homme du Teſtament étoit le petit-fils du Monarque des Francs. Falloit-il être du ſang Royal pour s'appeller Clodoalde? Dans une grande Nation ne pou-*

voit-il pas arriver, que deux enfans eußent le même nom? Les qualités attribuées dans le Teſtament à ce Clodaalde indiquent-elles néceſſairement un Prince du ſang des Rois? Perſonne n'avoit-il la permißion d'être Puer ſanctiſſimus & nobiliſſimæ indolis ſans être petit-fils de Clovis? Voilà ce qu'on auroit pu demander au Pere Suyskens; & qu'auroit-il pu répondre?

Oui, j'en conviens, l'on auroit pu faire au Pere Suyskens les demandes, que M. Des Roches vient de faire ici. Rien de plus facile, mais il auroit également été facile au P. Suyskens d'y répondre d'une maniere ſatisfaiſante, & je réponds pour lui, que toutes ces demandes ne ſont elles-mêmes fondées que ſur une ſuppoſition gratuite. M. Des Roches ſuppoſe, que les qualités, que le Teſtament de S. Remi attribue au Clodoalde, dont il parle, ont porté le P. Suyskens à croire, que ce Clodoalde étoit S. Cloud, petit-fils de Clovis; mais il n'en eſt pas ainſi, & M. Des Roches auroit pu parvenir à s'en appercevoir lui-même, s'il avoit fait attention, que le P. Suyskens s'en rapporte au Commentaire ſur la vie de S. Cloud, fait par le P. Stilting. Ce Commentaire ſe trouve au troiſieme du mois de Septembre de l'Ouvrage Bollandien depuis la pag. 91 juſqu'à la pag. 98, & ſi M. des Roches s'étoit ſeulement donné la peine d'en lire le deuxieme §. nomb. 18 & 19, il auroit vu, que la raiſon pour laquelle le P. Suyskens a pris le Clodoalde du Teſtament de S. Remi pour S. Cloud, n'a aucun rapport avec les qualités, que ce Teſtament attribue au Clodoalde, dont il fait mention ; il auroit vu, comment le P. Suyskens, ainſi que le P. Stilting, étoit parvenu à ſavoir, que le jeune homme du Teſtament étoit le petit-fils du Monarque des Francs, & l'ayant remarqué il n'auroit apparemment pas oſé dire, comme il dit après les paroles ci-deſſus tranſcrites, qu'on ne prouvera jamais, que l'Auteur du Teſtament ait entendu parler de S. Cloud.

Mais, dira-t-on, quelle eſt donc la façon, par laquelle le P. Suykens ſoit parvenu, ou par laquelle l'on puiſſe parvenir à ſavoir, que le Clodoalde, dont il eſt parlé dans le Teſtament de S. Remi, ſoit S. Cloud, petit-fils de Clovis? La voici cette façon.

Le Clodoalde, dont il eſt fait mention dans le Teſtament de S. Remi, eſt ſans doute le Clodoalde, qui a réellement donné à S. Remi la terre de Douzi. Ceci ne paroît pas pouvoir être conteſté, vû que dans le Teſtament même il eſt dit, que le Clodoalde, dont il y eſt fait mention, a donné à

S. Remi cette terre-là. Or le Clodoalde, qui a donné à S. Remi la terre de Douzi, est S. Cloud, petit-fils de Clovis.

Je prévois déja, que M. Des Roches niera cette assertion ; mais Hincmar, archevêque de Reims au neuvieme siecle, nous en fournit la preuve, en écrivant (voyez l'Ouvrage Bollandien au septieme Septembre, pag. 95, ou au premier Octobre pag. 157) dans la vie de S. Remi, ce qui suit : *Filius Chlodomiri, filii Chludowici* (a) *Regis, nomine Chlodoaldus, interfectis fratribus suis, quos unà cum eo post patris obitum Chrotildis Regina nutriebat, in clericum se totondit : & processu temporis vitæ ac religionis suæ merito partem hereditatis à patruis regibus obtinuit. De qua Duziacum villam in pago Mosomagensi cum appenditiis suis sancto Remigio ac Remensi ecclesiæ tradidit ; & villam Ruilliacum in pago Biturico sancto Dionysio delegavit. Villam verò Novientum in pago Parisiaco, cum omnibus ad se pertinentibus, matri ecclesiæ Parisius civitatis, ubi presbyter extitit ordinatus, donavit. In qua villa plenus virtutibus migrans ad Dominum, in ecclesia, quam ipse ædificaverat, corpore fuit in pace sepultus.* Ainsi donc le Clodoalde, qui a donné à S. Remi, la terre de Douzi, est S. Cloud, pe-

---

(a) *Clodovei.*

tit-fils de Clovis, comme ces paroles d'Hincmar en font foi.

L'Auteur du plus ample des Teſtamens de S. Remi en a certainement eu connoiſſance, & s'imaginant, que S. Cloud avoit fait cette Donation à S. Remi, quand ce Prélat étoit encore en vie, il l'a inſérée dans le Teſtament, qu'il a fabriqué, comme un fait arrivé du vivant de S. Remi; mais quoique S. Cloud ait réellement donné à S. Remi la terre de Douzi, cette donation néanmoins n'a été faite par S. Cloud qu'après la mort de S. Remi, & ces paroles *Duziacum villam.... ſanſto Remigio ac Remenſi Eccleſiæ tradidit,* qu'Hincmar dit touchant S. Cloud, ſignifient ſeulement que S. Cloud a donné la terre de Douzi en l'honneur de S. Remi à l'Egliſe de Reims, où ce ſaint eſt honoré. Cela paroît tout-à-fait certain; car cette donation, faite à S. Remi, doit être entendue dans le même ſens, dans lequel doit être entendue la donation, dont Hincmar parle immédiatement après, diſant du même S. Cloud *villam Ruillicacum . . . ſanſto Dianyſio delegavit.* Or cette derniere donation, faite à S. Denis, eu égard aux différens ſiecles, où ces deux ſaints ont vécu, doit certainement être entendue dans le ſens ci-deſſus expoſé, & par conſéquent l'autre doit l'être auſſi.

Rien de plus commun à plusieurs écrivains, que de dire, que telle ou telle chose a été donnée à tel ou tel saint, quand elle a été donnée à l'Eglise, consacrée en son honneur.

Mais on m'objectera peut-être que la Vie de S. Remi par Hincmar, dans laquelle se trouve que S. Cloud a donné à S. Remi la terre de Douzi, contient nombre de fables; j'avoue que cette production d'Hincmar n'en est pas exempte; mais elle comprend aussi grand nombre de vérités, & il n'y a pas lieu de douter, que la donation de la terre de Douzi par S. Cloud n'en soit une, vu que, cette donation ayant été faite à l'Eglise de Reims, Hincmar, qui en étoit Archevêque, l'aura apprise selon toutes les apparences par les Archives de cette même église ou du moins par des anciens écrits, qu'il a eus devant les yeux, comme il dit lui-même dans le Prologue de ladite vie. De plus Hincmar n'est contredit en ce point par qui que ce soit, il en savoit assurément plus que nous, & il ne dit pas seulement dans la vie de S. Remi que S. Cloud a donné ladite terre à ce saint, mais aussi dans l'Histoire de Reims par Frodoard [voyez-en l'édition de Colvenerius, pag. 421 & 422] dans deux lettres différentes, dont il a écrit l'une à Louis, fils de Louis, Roi de Germanie

manie , l'autre à Lothaire , fils de l'Empereur Lothaire , & puifque pour détourner ces Princes de troubler l'Eglife de Reims dans la poffeffion de la terre de Douzi , il y dit pofitivement & fans témoigner aucun doute , qu'elle avoit été donnée à S. Remi par S. Cloud , il faut , qu'il en fût bien affuré , & que par conféquent il l'eût appris de très-bonne part. Ainfi donc tout mûrement pefé , il n'y a pas lieu de douter , que S. Cloud n'ait réellement donné à S. Remi la terre de Douzi , & que par conféquent l'Auteur du Teftament n'ait entendu parler de S. Cloud par le Clodoalde , qu'il dit avoir donné , du vivant de S. Remi , à ce même faint la terre de Douzi , & avoir eu part dans la donation de celles de Coucy & de July.

Or , puifque S. Cloud n'avoit au temps de la mort de S. Remi que dix ans , le P. Suyskens en a fort bien conclu , qu'il n'eft point probable , que la premiere de ces deux donations ait été faite alors , & que ce qui eft dit dans le Teftament touchant la deuxieme , eft encore beaucoup plus manifeftement faux , vu que ce que l'on y attribue à S. Cloud , devroit être fait du vivant de Clovis , mort l'an 511 , & que S. Cloud n'étoit alors pas encore en vie ; d'où il fuit , que le Teftament de S. Remi , dans

D

lequel néanmoins il est parlé de S. Cloud, comme ayant fait du vivant de S. Remi la premiere de ces deux donations & aussi comme ayant eu part dans la deuxieme, doit être rejettée comme une piece supposée, & que par conséquent le P. Suyskens a eu raison d'appeller l'objection, tirée de ces deux passages ou articles du Testament de S. Remi, *certæ suppositionis argumentum*. Il s'ensuit de plus, que le P. Suyskens, en employant cette objection pour démontrer la supposition du Testament, n'a point fait une objection, qu'il n'auroit point dû faire, & qu'au contraire en s'en servant il a produit la conviction. M. Des Roches lui-même n'en peut disconvenir : car, puisqu'il avoue, que le raisonnement du P. Suyskens est décisif contre Miræus, parce que celui-ci marque en marge, que le Clodoalde, dont il est parlé dans le Testament de S. Remi, est S. Cloud, il doit également avouer, que ce même raisonnement est aussi décisif contre l'Auteur du Testament, vu que celui-ci, en parlant du Clodoalde, qu'il dit avoir donné à S. Remi la terre de Douzi, a voulu parler de S. Cloud, comme je crois l'avoir évidemment démontré.

F I N.

APPROBATION.

LA Réponse de l'Ancien des Bollandistes Corneille de Bye au Mémoire de M. Des Roches touchant le Testament de S. Remi, inséré au deuxieme Tome des nouveaux Mémoires de l'Académie Impériale & Royale des Sciences & Belles-Lettres, établie à Bruxelles, peut être imprimée. Fait à Bruxelles, ce 27 Septembre 1780.

C. J. LEYNIERS, *Lib. Cens.*

P. REUSS, *Conseiller & Procureur général.*